AF233269

COURTE RÉPONSE

A GROS MÉMOIRE.

———

A PARIS,

DE L'IMPRIMERIE NATIONALE.

1790.

COURTE RÉPONSE

A GROS MÉMOIRE.

JE pourrois m'en rapporter à l'épaisseur du mémoire des Députés de Saint-Pierre, & n'y pas répondre, parce que personne ne le lira. Quel est le Membre de l'Assemblée Nationale, qui, occupé des intérêts de la France entière, dans une circonstance où les écrits sont si nombreux & le temps si court, emploiera le sien à la lecture d'un volume qui ne fait que rabâcher dans quatre-vingt mortelles pages, ce que ces Messieurs ont déja dit vingt fois, cent fois, dans leur premier mémoire.

Il n'y a qu'un Député extraordinaire de la Martinique qui

doive par état endurer une telle infortune, semblable à une sentinelle avancée qui, malgré l'obscurité de la nuit & la pesanteur du sommeil, est obligée de crier *qui vive*.

Si quelqu'un s'est donné la peine de lire ce premier mémoire, il reconnoîtra aisément que celui-ci n'en est qu'une répétition oiseuse, avec cette différence, que l'un étoit bâti sur une lettre inofficielle d'un M. Craffou, & l'autre, un composé de la plainte des Officiers Municipaux de Saint-Pierre, additionné à ce que MM. Ruste & Corio appellent leurs réflexions.

Placé à deux mille lieues de l'Amérique, j'aurois pu me borner à dire à tant d'accusations sans preuve : Cela n'est pas vrai ; mais le Tribunal respectable devant lequel nous plaidons me nécessitoit à une autre réponse. Je pris la lettre de M. Craffou, & la copiai article par article ; je les opposai les uns aux autres ; je mis, par ce rapprochement, le lecteur à même d'appercevoir commodément toutes les contradictions dont elle fourmilloit, & je fis les réflexions qui se présentoient tout naturellement. Il a été reconnu que cette lettre disoit exactement le contraire de ce que MM. Ruste & Corio vouloient prouver. Malgré toutes les salles enveloppes de la mauvaise foi, on voyoit filtrer la vérité dans toute sa pureté.

Je pourrois faire, sur le dernier écrit de ces Messieurs, la même opération avec le même succès ; mais je ne veux pas tomber dans l'inconvénient soporifique des gros mémoires.

M. Craffou, Secrétaire, Orateur, Ecrivain de la Municipalité, dont le triple rôle étoit fort bien payé, a dû crier plus haut que les autres, parce que la suspension de ses lucratives fonctions, en vidant ses poches, remplissoit son cœur de fiel ; aussi l'a-t-il répandu sous toutes les formes : lettre, mémoire, plaintes, accusations, c'est toujours du Craffou. Quant aux autres personnages de cette Municipalité, ils ont éprouvé les maux rifibles d'une vanité répercutée ; ils ont figné la diatribe de leur Secrétaire dont la bile étoit devenue fi noire, qu'elle lui a fervi d'encre.

L'Affemblée Nationale remarquera que toute la ville de Saint-Pierre a figné fur l'adreffe de remercîmens à M. de Damas, & que la proteftation ne l'eft que par les Officiers Municipaux. J'oferois certifier que le quart de cette ville ne connoît pas cette plainte & les calomnies dont elle eft remplie ; je fuis d'autant plus porté à l'affurer, que nous avons, dans ce moment, des preuves que toutes les paroiffes diffidentes fe font jointes à l'affemblée coloniale, fans excepter même celles de Saint-Pierre. Dès-lors fes deux envoyés font deux Avocats fans clients & fans caufe.

Au milieu dè toutes ces contradictions, l'Affemblée Nationale pourra cependant affeoir un jugement folide, en le faifant porter fur les faits que perfonne ne contefte. Il eft avoué des deux parts, qu'il y a eu dix-fept perfonnes affaffinées dans la ville de Saint-Pierre, plus de cent plongées dans des cachots ; que M. de Damas & les Colons ne fe font armés que pour les fauver & rétablir l'ordre, qu'il l'a été fans qu'il en ait coûté une feule goutte de fang. Voilà l'exacte vérité.

Ces faits, bien dégagés de tous les menfonges étrangers dont on veut les embarraffer, il refte à voir fi les foixante perfonnes emprifonnées font innocentes, fi l'accufation ridicule de l'habit national que M. Damas a, dit-on, fait quitter à deux hommes qu'on a foin de ne pas nommer, eft vraie ; fi dix-fept perfonnes affaffinées ont pu l'être fans qu'il y ait eu d'affaffins ; fi on a dû créer un Tribunal illégal au mépris de ceux établis dans l'ifle ; & fi enfin on doit croire les officiers Municipaux qui ont figné une plainte & des accufations, quand toute la Colonie a figné des remercimens. L'Affemblée Nationale jugera, d'après cet examen, quels font les coupables, & quels font les vrais patriotes.

Les Députés de Saint-Pierre fe font perfuadés qu'avec leur charlatanifme patriotique & le rapprochement indigefte des mots, *régénération, révolution, Citoyen, civifme, patriotes,* fans ceffe répétés ; avec cette éloquence du crû qui foulevoit à la Martinique les matelots & les flibuftiers, ils vont agiter toute la France ; ils n'ont pas vu que le peuple de ce pays eft plus éclairé que leurs admirateurs coloniaux, qu'il faut ici d'autres orateurs, d'autres écrivains ; & qu'on ne forcera pas l'Affemblée Nationale à rendre des décrets injuftes, parce qu'on fera parler des Chambres de commerce.

Que veut cette Municipalité ? Juftifier l'affaffinat de trois blancs & de quatorze mulâtres, l'emprifonnement de cent autres, la création d'un Tribunal illégal pour les faire mourir. Cela n'eft pas aifé, Pour arriver à ce but difficile, elle & fes agens entaffent calomnies fur injures pour prouver que les mulâtres avoient confpiré, que les Colons & M. de Damas font des tyrans. Et ce font ces protecteurs d'affaffins qui ofent fe plaindre, & faire des demandes qu'à peine oferoit articuler la vertu opprimée ; c'eft fans doute en récompenfe de l'affaffinat des mulâtres, qu'ils veulent tant de chofes. Quelle audace !

De ce petit coin du monde qu'on appelle Martinique, Il n'a été queftion que de cette ville de Saint-Pierre. Elle feule occuperoit l'Affemblée Nationale de fes éternels débats : il n'eft pas de défordres dont elle ne fe foit rendue coupable : aller en foule au greffe de la fénéchauffée ; en forcer les portes ; biffer les regiftres ; verfer l'écritoire deffus ; compromettre par cet acte de démence l'exiftence civile et la fortune des familles, n'a été que le foible prélude des crimes qui ont fuivi. Difpofée à ne plus connoître de frein, elle a craint la fermeté de M. de Viomefnil; elle en a demandé le rappel, et l'a pourfuivi juſqu'à Paris. Elle ſoupiroit après l'arrivée de M. de Damas, elle veut aujourd'hui qu'on le relève. Elle a rempli les Gazettes d'éloges pour M. de Pontevès, elle ſollicite auſſi ſon rappel. Elle avoit un détachement du régiment de la Martinique, elle en a traîné ignominieuſement les officiers dans les cachots, leur a fait boire le calice de l'injure juqu'à la lie, les a embarqués de ſon plein pouvoir pour la France, & veut en ce moment que le régiment entier ſoit relevé. Elle avoit un commandant en ſecond qu'elle idolâtroit, il a été obligé de ſe déguiſer pour ſauver ſa vie ; elle s'eſt emparée de ſes papiers qu'elle retient encore. Elle a voulu une Aſſemblée Coloniale, elle en demande la diſſolution ; elle a formé les gens de couleur en milice nationale, elle leur a permis de ſe choiſir des officiers, elle a aſſaſſiné ces derniers ainſi qu'une partie des mulâtres ; &, quoiqu'ils ſoient nos gardiens, elle veut qu'on les déſarme dans toute l'Iſle : elle a exigé de M. de Viomeſnil que le régiment de la Martinique ne tînt de garniſon qu'au Fort-Royal (1), & qu'il retirât les détachemens répandus dans différens quartiers, afin de nous avoir à ſa merci.

Elle a appelé des brigands (2) de toutes les colonies, ſous le prétexte faux d'une inſurrection de nègres & de mulâtres. Elle a ſemé la haine & la zizanie dans toutes les paroiſſes, en écrivant des lettres incendiaires, qui enflammoient le peuple ; elle a envoyé des détachemens dans divers quartiers pour y exécuter ſes volontés les armes à la main, & enfin les colons ont été près de s'égorger tous par ſes excitations

---

(1) Exiger que des troupes, deſtinées à nous défendre des ennemis intérieurs autant que des ennemis extérieurs, ne ſoient point employées à cet office !

(2) Quelques honnêtes gens y vinrent auſſi, & furent étonnés de ne trouver que dans cette ville le trouble & l'anarchie.

infidieufes. Ce tableau préfente tant d'audace & de déraifon, qu'on le croira peut-être exagéré. J'offre à l'Affemblée Nationale les preuves de tous ces faits, dans les lettres mêmes de cette Municipalité, dans fes propres aveux confignés partout, & dans les Gazettes qu'elle feule avoit le droit d'imprimer, car elle s'étoit rendue maîtreffe abfolue de l'unique preffe qu'il y eut dans l'ifle. Affemblée Coloniale, Généraux, Confeil, Chef de ftation, Commandant en fecond, régiment, planteurs, mulâtres libres, elle a tout infulté, tout dénoncé & a fini par mettre le comble à cette frénéfie, en commettant des atrocités dont le fouvenir ne s'effacera jamais.

Obfervons un moment ces Colons que la Municipalité de Saint-Pierre & fes envoyés peignent comme des *monftres*. Ils attendent paifiblement les Décrets de l'Affemblée Nationale en cultivant leurs champs ; ils n'ont verfé le fang de perfonne ; ils ne fe font armés que pour en empêcher l'effufion. Dans une circonftance où l'on vous dit qu'ils étoient brûlés du defir de fe venger, leurs mains font reftées pures. Après tant de débats, d'infultes & de provocations de la part de cette ville, la néceffité de fauver la Colonie les force à marcher contre elle ; ils y *entrent en vainqueurs*, dit M. Craffou : quel ufage font-ils de cette victoire ? *ils prodiguent des confolations aux veuves des mulâtres & à celles des officiers tués dans la journée du 3 juin* : ce font les paroles mêmes de la Municipalité dans fon mémoire, page 21, lig. 4. Dans cette circonftance, ils fe trouvent maîtres de M. Foulon dont ils avoient tant & depuis fi long-tems à fe plaindre ; ils fe bornent à le mener au Fort-Royal pour l'empêcher d'ameuter encore le peuple de Saint-Pierre, & ont fini par l'engager à s'en aller.

Suppofez les habitans de cette ville dans les mêmes circonftances que les planteurs, & jugez, d'après le fort des mulâtres, du carnage qui auroit été fait.

Après tant de maux intérieurs, après avoir agité ces paï-

fibles contrées, après y avoir fufcité des infurrections popu-
laires, fi dangereufes dans un pays de blancs & de noirs,
la Municipalité enrageant de n'y pouvoir plus nuire, travaille
à foulever toutes les places de commerce contre les colons,
invite les françois d'Europe à s'armer contre leurs frères d'A-
» mérique: écoutons là : *Lifez, & frémifez de notre pofition ;*
» *votre puiffance s'ébranlera pour venger les Décrets de la Na-*
» *tion, défendre fon commerce, & conquérir une colonie que*
» *l'erreur, l'ambition & la mauvaife foi enlèvent à fa fage do-*
» *mination,* pag. 2, lig. 19.

» *Oh! fi la Métropole croit avoir quelqu'intérêt à foutenir*
» *fon commerce, fi l'Affemblée Nationale doit conferver quel-*
» *que puiffance fur les colonies, fi les François font en-*
» *core attachés à la régénération, s'il eft encore quelqu'un au*
» *monde, à qui les droits de l'humanité, des Citoyens, inf-*
» *pirent du refpect, c'eft à eux que nous dénonçons l'Affem-*
» *blée Coloniale de la Martinique, coupable envers la Métro-*
» *pole, envers la Nation, envers l'humanité ; c'eft à eux que*
» *nous demandons la protection qui nous eft due à nous, à*
» *la colonie trompée par les membres pervers de l'Affemblée,*
» *pag. 33, ligne 25.* »

Je répondrai à ces paroles incendiaires : François, vous
n'avez pas befoin de conquérir des colons qui font vos frères,
vos amis & vos fermiers. N'écoutez pas cette Municipalité
ambitieufe, qui, parce qu'on a fufpendu fes dangereufes fonctions, voudroit armer le genre humain contre les planteurs.
Ne l'écoutez pas ; elle vous porteroit peut-être à des actes
qui briferoient les liens utiles & fraternels qui vous lient
aux colonies. Oui, l'Affemblée Nationale y confervera fa puiffance, en ne méconnoiffant pas ceux qu'elle doit protéger,
ceux qui dans tous les tems ont expofé leur vie & verfé leur

fang pour refter François, ceux qui quatre fois (1) ont re-
pouffé l'ennemi de leurs côtes, & qui n'ont été vaincus que
par des forces très-fupérieures, ceux qui arrofent encore aujourd'hui de leur fueur cette terre engraiffée depuis fi long-
tems des cendres de leurs pères, & non pas cette troupe
de parafites avides, qui va chez eux s'enrichir, les calom-
nier & les affaffiner. Ceux-là feuls font coupables envers
l'humanité & la Nation d'atrocités qui font horreur.

Quelle fingularié offre toute cette querelle ! d'abord, des
cofmopolites, fans propriétés, faifant la guerre aux planteurs
& affaffinant des gens utiles & innocens ; une Municipalité
coupable d'avoir protégé depuis fix mois des infurrections
dont elle n'a peut-être pas prévu les funeftes développemens,
mais dont elle tiroit parti pour avoir une armée à qui il ne
falloit de paie que la licence : cette même Municipalité remer-
ciant le Général & les Planteurs d'avoir rétabli l'ordre,
parce qu'elle efpéroit conferver fes fonctions ; pouffant les
hauts cris, parce qu'on les a fufpendues ; cette Municipalité qui après avoir défié toutes les claffes dans des lettres pleines d'audace & de jactance, déclarant que c'eft la
peur qui lui a fait signer les adreffes de remercîmens ; fes
envoyés qui ne parlent que de leur patriotifme & de leurs
vertus civiques, faifant des efforts pour juftifier l'affaffinat
des mulâtres qui, difent-ils, vouloient être citoyens (2) &
marcher fous le drapeau national.

---

(1) En 1666, par le Lord Willoughby.
En 1674, par l'Amiral Ruyter.
En 1693, par Codfington.
En 1759, par le Général Hopfon & l'Amiral Moore.

(2) Voyez le premier mémoire de MM. Rufte & Corio, page 3
du premier mémoire, page 5 du fecond.

Des négociants de la Métropole qui ne devroient confidérer les colonies que comme des établiffemens de culture & de confommations à leur profit , qui n'en devroient connoître que les denrées , fe mêlant à ces querelles qui ne les regardent pas ; des hommes enfin affez aveugles pour ofer demander à l'Affemblée Nationale la punition de ceux qui ont fauvé la colonie en protégeant l'humanité & la liberté , oubliant que ce Tribunal augufte en a confacré les principes comme bafe immuable de la Conftitution : ce tableau n'offre que folie, ingratitude & barbarie.

Avant d'écouter les funeftes confeils du défefpoir , les Planteurs feront tout au monde pour ramener leurs frères & leurs amis des places de commerce; ils leur diront : Vous n'êtes inftruits de nos débats que par ceux-mêmes qui én font caufes ou acteurs. Il ne vous arrive pas un homme , pas une lettre qui ne vienne de Saint-Pierre. Croyez-vous que fi les Planteurs débarquoient dans vos ports, ou qu'il vous écriviffent; croyez-vous , dis-je , qu'ils ne vous préfentaffent pas des faits contraires à ceux qu'on a tordus ou créés pour vous indifpofer? Ne feroit-il pas auffi fage que jufte de fufpendre votre jugement? Mais, direz-vous , il y a foixante perfonnes arrêtées; ils vous répondroient, il y en a eu 17 d'affaffinées.

Mais Saint-Pierre a été à deux doigts de fa perte ; il eût été perdu, fi on eût laiffé un libre cours à la jufte fureur des Mulâtres. Croyez-vous que les planteurs n'avoient pas le plus grand intérêt à en arrêter les effets? Croyez-vous qu'il leur fût indifférent de laiffer combattre des blancs par des mulâtres, aux yeux attentifs de quatre-vingt mille témoins qui les entourent? Bientôt ceux-ci en auroient conçu le fentiment de leur force, & auroient dit à leur tour : Et nous auffi. . . . .

Ces planteurs vous diroient que tous ces malheurs qui ont menacé la ville de Saint-Pierre, & qui cependant n'ont point eu lieu, ces vexations exagérées dont on fait tant de bruit, ne peuvent équivaloir à la mort cruelle d'un feul des individus qui ont péri dans la fatale journée du 3 juin; ils vous diroient que les peines momentanées des perfonnes retenues fur le vaiffeau dans la rade de Saint-Pierre., n'approcheront jamais des douleurs atroces des dix-fept victimes pour lefquelles on a inventé des fupplices nouveaux, des misères & des chagrins de leurs femmes, de leurs enfans qui les ont perdus pour toujours; & enfin, fi vous vous obftinez à ne vouloir trouver de torts que de leur côté, ils vous demanderont fi cette querelle a quelque rapport, & touche en quelque chofe à votre droit exclufif de commercer dans la Colonie.

Si, après avoir comparu à votre tribunal, & s'être fait, en quelque forte, vos jufticiables, ils ne vous ont pas ramenés à des fentimens plus juftes, ils vous diront : Négocians aveugles, craignez vos fuccès mêmes. Nous fommes infulaires, accoutumés aux rigueurs du climat, aux privations, à la famine que vos lois prohibitives ont fi fouvent mife parmi nous; craignez de réuffir dans vos projets contre nous. La liberté nous eft venue de chez vous; mais cette plante exotique s'eft développée fur notre fol avec l'énergie de notre foleil. Plus vous mettrez de violence, plus nous mettrons d'obftination. Nous vous avertiffons que vous ne régnerez jamais que fur nos cadavres.

Nous fommes François, nous fommes patriotes comme vous; mais nous ne voulons faire de la liberté qu'un ufage modéré. La débauche, en ce genre, convient encore moins à notre organifation qu'à la vôtre. Si vos vues politiques ne s'élèvent pas jufque-là, notre intérêt nous donne la prefcience des événemens futurs. Déja la ville de Saint-Pierre a donné un exemple très-impolitique dans nos climats, & nous craignons de n'en pouvoir jamais effacer les funeftes effets.

Si nous manquions des forces néceffaires pour réfister à

votre oppreſſion , il nous reſteroit le courage de ne pas cultiver, plutôt que de le faire pour des ingrats. Songez à ce ſerment que firent les Provinces-Unies de ne rien acheter qui vînt de la vieille Angleterre ; ce ſerment-là lui fit plus de mal que les armes des Américains. En nous bornant à planter des racines, à élever des troupeaux, nous vivrons toujours aſſez heureux. Craignez-vous , diront-ils , les inſinuations trompeuſes de la ville de Saint-Pierre ?

Heureuſement pour vous , heureuſement pour nous (car qui pourroit conſentir à n'être pas François ?) que l'Aſſemblée nationale, qui veille ſur vos deſtinées & ſur les nôtres , ne cédera pas à vos nombreuſes adreſſes ; comme une mère tendre , elle vous réſiſtera pour vous faire du bien & vous conſerver des amis utiles. Vous reconnoîtrez un jour ceux que vous voulez perſécuter aujourd'hui ; vous écarterez ces paraſites qui ſe ſont interpoſés entre nous & qui cherchent à nous déſunir ; vous ferez avec nous un commerce direct , bien plus profitable pour tous deux.

Si M. de Damas eſt relevé, il eſt inutile de laiſſer à la Martinique une aſſemblée coloniale ; elle n'y aura plus aucune ſorte de puiſſance. En vain requerroit-elle le pouvoir exécutif, il refuſera de lui donner main-forte ; & c'eſt bien pour arriver à ce but que MM. de la Municipalité ſollicitent, avec tant d'âpreté, ce rappel. Quel eſt le général qui , après une telle leçon, voudra s'expoſer à être honteuſement relevé ?

Pour le déterminer à agir, quelle circonſtance pourra jamais équivaloir à celle où ſe trouvoit M. de Damas ? Dix-ſept perſonnes aſſaſſinées dans une petite ville grande comme la main ; plus de cent autres gémiſſantes dans les cachots ; une claſſe nombreuſe & utile, au déſeſpoir, & prête à ſe baigner dans le ſang de ſes aſſaſſins ; tous les planteurs embraſſant la juſte défenſe de ces malheureux ſi cruellement opprimés : quelle circonſtance , dis-je , pourra jamais ordonner plus impérieuſement au pouvoir exécutif d'agir ? Si l'importance majeure des motifs qui ont déterminé M. de Damas ; si la réuffite miraculeufe des moyens qu'il a employés ne peuvent le fauver d'une défapprobation auffi cruelle, qui ofera jamais militer pour le retour du bon ordre, fur-tout quand les dangers de l'exécution & l'incertitude du fuccès laifferont quelque doute ? La Colonie ne fera plus qu'un compofé d'autant de petites républiques, qu'il y a de municipalités, lefquelles ne connoîtront d'autre puiffance que la force.

L'Affemblée nationale, en donnant à l'Affemblée coloniale le pouvoir légiflatif provifoire, a entendu, fans doute, que toutes les municipalités lui fuffent fubordonnées. Si celle de Saint-Pierre eft écoutée, chacune d'elles croira, à fon exemple, pouvoir réfifter à ce centre du pouvoir ; car, je le dis ici pour toutes les villes des Colonies : « Vampires des campagnes, elles veulent encore en être les tyrans : les plaintes, les réclamations viendront de toutes parts, & l'Affemblée nationale n'en finira jamais. »

Il feroit fans doute bien fatisfaifant pour l'Affemblée coloniale & M. de Damas d'avoir l'approbation des repréfentans de la Nation ; mais cette privation n'eft pas ce qui doit être confidéré, ce font les malheurs qui en feront la fuite. Le filence de l'Affemblée nationale feroit interprété contre les colons & leur général ; les brigands de toutes les colonies accourroient encore à la Martinique ; les mulâtres en feroient les premières victimes ; les planteurs reviendroient à leur fecours ; & enfin la France verroit une de fes plus belles colonies détruite par la guerre civile. O malheureux colons ! auriez-vous jamais imaginé que des hommes qui quittoient leur patrie pour chercher, pour trouver dans la vôtre un meilleur fort, feroient un jour vos oppreffeurs, que dis-je, vos affaffins ?

L'Affemblée nationale ne peut avoir deux mefures. Elle a

décrété des remercîmens à la municipalité de Toulon, pour avoir fauvé la vie du feul M. de Caftelet : M. de Damas a racheté celle de cent mulâtres qui étoient dans les fers. Elle en a décrété pour M. de Bouillé, la milice nationale de Metz, &c. &c. &c. M. de Damas a rétabli l'ordre & fauvé une des plus belles colonies françoifes. Je vois dans les cir-conftances & dans la conduite des deux généraux une grande parité, avec cette différence que le général de la Martinique a eu le bonheur de ne pas verfer une goutte de fang. Jamais tant de bien ne fe fit avec moins de mal.

L'Affemblée nationale garderoit-elle le filence, quand il eft fi néceffaire qu'elle prononce ; ou fon jugement pourroit-il être contraire aux colons ?

Signé, BLANCHETIÉRE-BELLEVUE, Député extraordinaire de la Martinique.